LAS ANTIGUAS CIVILIZACIONES

LA ANTIGUA MESOPOTAMIA

DANIEL R. FAUST

TRADUCIDO POR ALBERTO JIMÉNEZ

Gareth Stevens PUBLISHING

ENCONTEXTO

Please visit our website, www.garethstevens.com. For a free color catalog of all our high-quality books, call toll free 1-800-542-2595 or fax 1-877-542-2596.

Cataloging-in-Publication Data

Names: Faust, Daniel R.
Title: La antigua Mesopotamia / Daniel R. Faust.
Description: New York : Gareth Stevens Publishing, 2019. | Series: Las antiguas civilizaciones | Includes glossary and index.
Identifiers: ISBN 9781538236789 (pbk.) | ISBN 9781538236802 (library bound) | ISBN 9781538236796 (6 pack)
Subjects: LCSH: Iraq—Civilization—To 634—Juvenile literature. | Iraq—Antiquities—Juvenile literature.
Classification: LCC DS71.F38 2019 | DDC 935—dc23

First Edition

Published in 2019 by
Gareth Stevens Publishing
111 East 14th Street, Suite 349
New York, NY 10003

Translator: Alberto Jiménez
Editor, Spanish: María Cristina Brusca
Designer: Reann Nye

Photo credits: Series art (writing background) mcherevan/Shutterstock.com, (map) Andrey_Kuzmin/Shutterstock.com; cover, p. 1 muratart/Shutterstock.com; p. 5 dikobraziy/Shutterstock.com; p. 7 Martchan/Shutterstock.com; pp. 9, 17 DEA PICTURE LIBRARY/De Agostini/Getty Images; p. 11 HansFree/Shutterstock.com; p. 13 Veronique de Viguerie/Getty Images News/Getty Images; p. 15 Courtesy of the Metropolitan Museum of Art; p. 19 rasoul ali/Moment Open/Getty Images; pp. 21, 25 DEA/G. DAGLI ORTI/De Agostini/Getty Images; p. 23 Sthaporn Kamlanghan/Shutterstock.com; p. 27 rasoulali/Shutterstock.com; p. 29 gokind/Shutterstock.com.

Printed in the United States of America

CPSIA compliance information: Batch #CW19GS: For further information contact Gareth Stevens, New York, New York at 1-800-542-2595.

CONTENIDO

Las palabras del glosario se muestran en **negrita** la primera vez que aparecen en el texto.

ENTRE DOS RÍOS

La antigua Mesopotamia es la civilización más antigua del mundo. Hace miles de años, diversas tribus se establecieron entre los ríos Tigris y Éufrates en el suroeste de Asia. Esta área incluye partes de los países modernos de Turquía, Siria, Irak y Kuwait. Mesopotamia significa "entre ríos" en griego.

Si quieres saber más

Mesopotamia formaba parte de la llamada "media luna fértil", un área de tierra de gran calidad para cultivar, y en forma de media luna. Las primeras civilizaciones del mundo nacieron en esta área. En el mapa, la zona se muestra en naranja.

LA PRIMERA CIVILIZACIÓN

Hacia el 5000 a. C., un grupo de personas llamados sumerios se mudaron al sudeste de Mesopotamia y empezaron a cultivar la tierra. Idearon sistemas de **irrigación** para llevar agua a sus cultivos.

Desarrollaron sobre todo un sistema de gobierno para que todos pudieran trabajar en la realización de estos grandes proyectos.

Si quieres saber más

Los primeros agricultores mesopotámicos inventaron un tipo de **arado** que los ayudó mucho en sus cultivos y no se parecen en nada a los que tenemos hoy.

¡Uno de los inventos sumerios más importantes fue la rueda! Las ruedas se usaban en un inicio para hacer alfarería, y más tarde, fueron utilizadas para el **transporte**.

Los sumerios también inventaron el velero, que ayudó a llevar mercancías y personas siguiendo el curso de los ríos Tigris y Éufrates.

Calendario sumerio

Si quieres saber más

También crearon el primer calendario, el cual se basaba en las fases lunares.

Las ciudades sumerias se convirtieron en centros de comercio. Intercambiaban telas, herramientas y el grano sobrante que recogían. Para llevar un registro de los bienes intercambiados, los sumerios crearon un sistema de escritura llamado cuneiforme. Este sistema utilizaba unos 600 **símbolos** diferentes en forma de **cuña** y se grababan en planchas de arcilla blanda.

Cuneiforme

Si quieres saber más

Los sumerios también crearon un sistema aritmético basado en el número 60. Esto les permitía registrar información sobre sus cultivos y el comercio de bienes.

ASCENSO DE LAS CIUDADES-ESTADO

Hacia 3500 a. C. habían comenzado a desarrollarse las primeras ciudades. En su centro se levantaba un edificio llamado zigurat, que era a la vez **templo** y ayuntamiento. Gobernadas por sacerdotes, las ciudades se convirtieron en ciudades-estado bajo el mando de reyes.

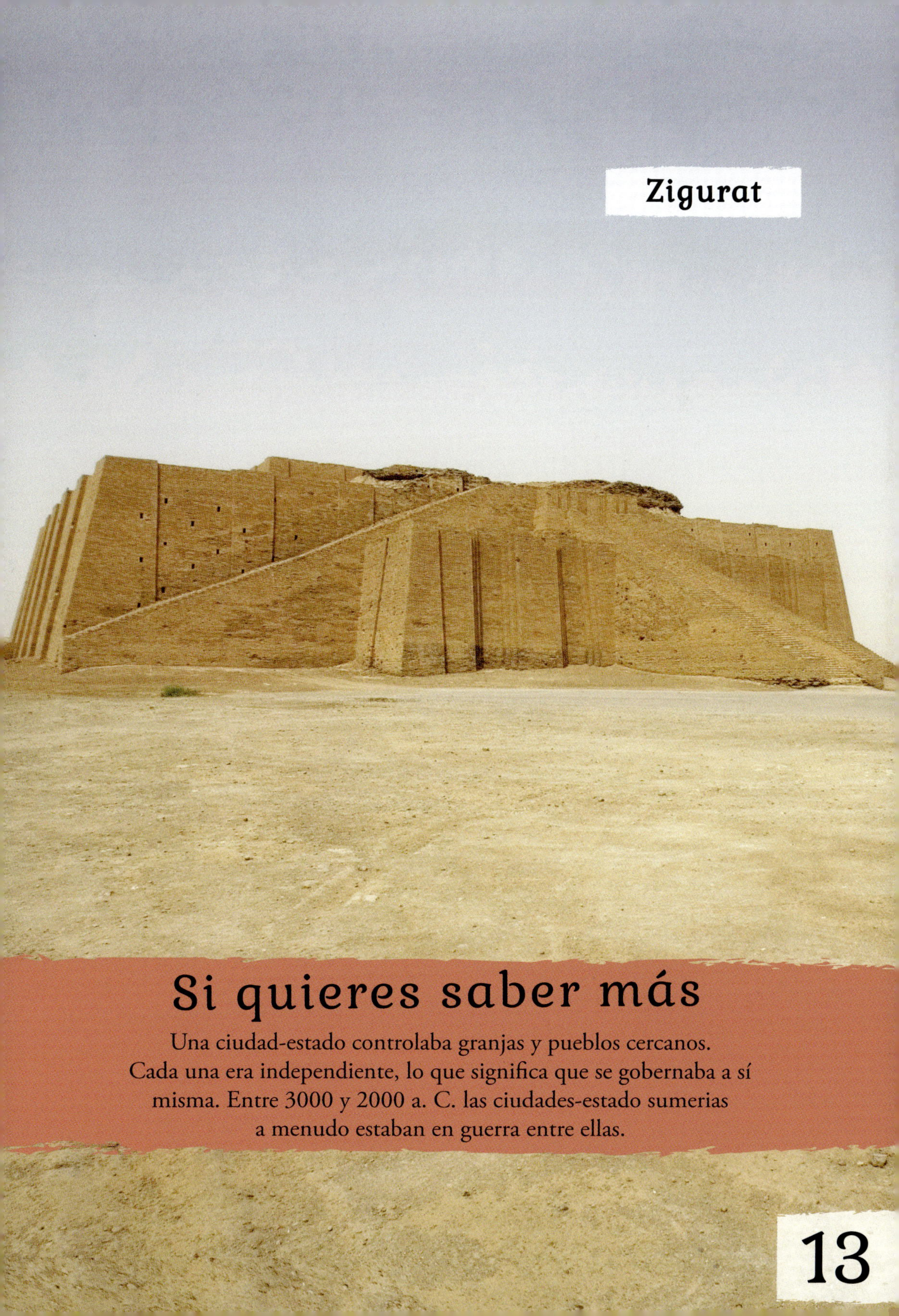

Zigurat

Si quieres saber más

Una ciudad-estado controlaba granjas y pueblos cercanos. Cada una era independiente, lo que significa que se gobernaba a sí misma. Entre 3000 y 2000 a. C. las ciudades-estado sumerias a menudo estaban en guerra entre ellas.

SOCIEDAD Y RELIGIÓN

Las clases sociales se iban desarrollando. La clase alta contaba con reyes, sacerdotes, funcionarios, terratenientes y ricos comerciantes. La mayoría de los sumerios, incluidos los trabajadores cualificados, pertenecían a la clase media. Los esclavos eran la clase social más baja.

Si quieres saber más

Los sumerios eran de **religión** politeísta: creían en más de un dios. Sus dioses eran como los humanos, pero también eran seres todopoderosos que podían vivir para siempre.

LOS ACADIOS

Los acadios vivían en una ciudad-estado al norte de los sumerios. Alrededor del año 2350 a. C., los acadios derrotaron a los sumerios y crearon el primer **imperio** de la historia. El Imperio acadio fortaleció su ejército, construyó carreteras para conectar sus ciudades y puso en marcha el primer sistema de envío de correo.

Si quieres saber más

El rey Sargón fue el primer gobernante acadio. Hizo de Acad la capital del Imperio. Los historiadores todavía no están seguros dónde se ubicaba la ciudad.

LOS BABILONIOS

Unos 200 años después cayó el Imperio acadio. Un pueblo conocido como amorreos **conquistó** Mesopotamia alrededor de 1900 a. C. y eligió la ciudad de Babilonia como capital. El nuevo imperio se llamó Babilonia. A partir de 1792 a. C., Babilonia fue gobernada por el rey Hammurabi.

Si quieres saber más

Hammurabi expandió el Imperio babilónico conquistando ciudades en la Mesopotamia del norte y meridional. Bajo su gobierno, Babilonia se convirtió en una ciudad muy poderosa.

EL CÓDIGO DE HAMMURABI

A fin de vincular a los diferentes grupos de personas del Imperio babilónico, Hammurabi creó unas leyes comunes para que todos las siguieran. El Código de Hammurabi fue el primer conjunto de leyes escritas. Estaba compuesto por 282 leyes que se ocupaban desde la familia, el delito y hasta los negocios.

Código de Hammurabi

Si quieres saber más

El Código de Hammurabi tenía **castigos** diferentes para hombres y mujeres, y para ricos y pobres. El principio del "ojo por ojo" viene del Código de Hammurabi.

EL IMPERIO ASIRIO

Los asirios eran un grupo que vivía en el norte de Mesopotamia. Habían sido gobernados por los babilonios durante muchos años. Los dos grupos tenían **culturas** y lenguas muy parecidas. En el 1300 a. C., los asirios subieron al poder y comenzaron a extender su imperio.

Si quieres saber más

El Imperio asirio era conocido por su poderoso ejército. Los soldados asirios luchaban con armas avanzadas, incluyendo espadas de hierro y carros, vehículos de dos ruedas tirados por caballos.

En el año 671 a. C., los asirios habían conquistado toda Mesopotamia y gran parte de Oriente Medio. Los medos y los caldeos, dos pueblos enemigos de los asirios, decidieron unificar recursos y actuar en común para conquistar el Imperio asirio, que terminó por caer en el año 609 a. C.

Si quieres saber más

Asurbanipal, uno de los últimos reyes asirios, construyó una famosa biblioteca en la ciudad de Nínive, que conservaba miles de tablillas cuneiformes de origen sumerio y babilonio. Estos objetos han servido para que los historiadores aprendan sobre la antigua Mesopotamia.

ASCENSO DEL IMPERIO PERSA

Los caldeos y su gobernante, Nabucodonosor II, reconstruyeron la ciudad de Babilonia y la convirtieron en la capital de su nuevo imperio. En el año 539 a. C., el Imperio persa conquistó Babilonia y luego el resto de Mesopotamia. Pronto se convertiría en el mayor imperio de su tiempo.

Si quieres saber más

El Imperio caldeo se conoce también como el Nuevo Imperio babilónico. Este fue un tiempo de gran **riqueza** y poder en Babilonia, y la hermosa ciudad se convirtió en un centro para la ciencia y las artes.

ALEJANDRO MAGNO

En el año 331 a. C., Alejandro Magno conquistó el Imperio persa y tomó el control del área mesopotámica. Para entonces, sin embargo, quedaban pocas grandes ciudades mesopotámicas. Gran parte de la cultura de la antigua Mesopotamia también se había perdido.

Si quieres saber más

Cuando Alejandro conquistó el Imperio persa, mezcló la cultura persa con la cultura griega. Para cuando el Imperio romano tomó el control, la cultura mesopotámica había desaparecido casi por completo.

LÍNEA DEL TIEMPO DE LA ANTIGUA MESOPOTAMIA

c. 5000 a. C.
Los sumerios se trasladan a Mesopotamia y comienzan a cultivar.

c. 3500 a. C.
Comienzan a desarrollarse ciudades gobernadas por sacerdotes.

c. 2350 a. C.
Los acadios derrotan a los sumerios. Ascenso del Imperio acadio.

c. 1900 a. C.
Los amorreos eligen Babilonia como capital. Ascenso del Imperio babilónico.

1792 a. C.
Hammurabi se convierte en rey de Babilonia.

1300 a. C.
Los asirios toman el poder.

671 a. C.
Los asirios controlan toda Mesopotamia y gran parte de Oriente Medio.

539 a. C.
El Imperio persa conquista Babilonia.

331 a. C.
Alejandro Magno conquista el Imperio persa.

GLOSARIO

arado: herramienta agrícola que se utiliza para excavar y hacer surcos en la tierra.

castigo: acto de hacer que alguien sufra o pague cuando infringe una norma o ley.

conquistar: tomar por la fuerza.

cultura: creencias y formas de vida de un grupo de personas.

cuña: pieza de material sólido y en forma de triángulo.

desarrollar: crecer y cambiar.

imperio: una gran área de tierra bajo el control de un solo gobernante.

irrigación: sistema de riego de una zona seca por medios artificiales para cultivar plantas.

religión: creencia y forma de honrar a un dios o varios dioses.

riqueza: el valor de todo el dinero, la tierra y las pertenencias que alguien o algo tiene.

símbolo: imagen, forma u objeto que representa otra cosa.

templo: edificio en el que se honra a un dios o varios dioses.

transporte: forma de viajar de un lugar a otro.

PARA MÁS INFORMACIÓN

LIBROS

Randolph, Joanne. *Living and Working in Ancient Mesopotamia*. New York, NY: Enslow Publishing, 2018.

Wood, Alix. *Uncovering the Culture of Ancient Mesopotamia*. New York, NY: Rosen Publishing Group, 2016.

SITIOS DE INTERNET

Mesopotamia
www.dkfindout.com/us/history/mesopotamia/
Visita este sitio para aprender más de la antigua Mesopotamia.

Nota del editor para educadores y padres: nuestro personal especializado ha revisado cuidadosamente estos sitios web para asegurarse de que son apropiados para los estudiantes. Sin embargo, muchos sitios web cambian con frecuencia, por lo que no podemos garantizar que los contenidos que se suban a esas páginas cumplan con nuestros estándares de calidad y valor educativo. Tengan presente que se debe supervisar cuidadosamente a los estudiantes siempre que tengan acceso al Internet.

ÍNDICE